$\underline{L}$n. 14488.

ORAISON FUNÈBRE

DE

MME. MARIE DE PLANCHOURY,

VEUVE DE M. DE MONS,

PRONONCÉE LE 3 AOUT 1846

Dans l'Eglise de Carantilly,

 PAR L'ABBÉ LE REBOUR.

CAEN,
TYP. DE A. HARDEL, IMPRIMEUR-LIBRAIRE,
RUE FROIDE, 2.

1846.

> Hæc erat plena operibus bonis et
> eleemosinis quas faciebat. *Actes
> des apôtres.* 9 36.

Messieurs,

L'Eglise, pour ainsi dire à son berceau, offrait déjà à toute la Judée des exemples de cette piété solide qui devaient se renouveler plus tard et briller encore d'un nouvel éclat aux yeux de la Gentilité devenue chrétienne. Il y avait à Joppé, dit saint Luc, une femme dont la vie était remplie de bonnes œuvres et dont les aumônes furent abondantes; mais il arriva qu'étant tombée malade, elle mourut. Vite ses amis députèrent deux hommes vers l'apôtre Pierre qui, pour lors, se trouvait à Lydde, avec prière de venir en toute hâte auprès d'eux. Pierre, averti par ces deux messagers, quitte à l'instant le lieu où le Seigneur avait manifesté sa charité, sa puissance, par la voix de son Apôtre ; il s'achemine, avec ses deux compagnons, vers la ville de Joppé où bientôt encore il devait faire ressortir la gloire de son divin maître. Pierre est introduit dans l'appartement de l'illustre défunte, mais qu'y voit-il ? Ecoutez, Messieurs, voici comme parle saint Luc : Toutes les veuves, dit-il, versant des larmes, entourèrent l'Apôtre et elles lui montraient les habits que faisait pour elles la bonne Dorcas.

Déjà, Messieurs, me dévançant par la pensée, vous avez pressenti ce que j'avais à vous dire. Oui, j'aime à le proclamer tout haut, je n'ai pas cru qu'il fût permis de taire ici tant et tant de belles actions que vous connaissez pour la plupart, mais que nous aimons à vous rappeler dans cette pénible circonstance, à vous, Messieurs, qui venez aujourd'hui mêler vos larmes à nos larmes ; oui, laissez-moi vous le dire, j'ai pensé que dans cette lugubre cérémonie je devais, pour acquitter la dette de la reconnaissance, me constituer à la place de tous les infortunés que protégea constamment la bonne, la pieuse et illustre défunte. Vous faire ici le court exposé de sa noble vie sera pour moi un adoucissement à ma douleur. Puisse la faiblesse de mes efforts ne pas succomber dans un sujet par trop grand pour moi, et vous, Messieurs, pardonnez à ma témérité.

La bonne et illustre Dame, qui jadis faisait notre bonheur et notre joie et qui aujourd'hui n'est plus, à peine sortie de l'enfance donnait déjà des marques signalées d'une haute sagesse, d'une prudence consommée, d'un goût rare pour la religion de ses augustes parents. La patrie était encore gouvernée par son Roi, et la France jalouse d'être aux yeux des autres nations comme un point de mire, pouvait se féliciter alors de sa soumission aux ordres émanés de la bouche de son souverain ; mais depuis long-temps il se tramait dans l'ombre des conspirations diaboliques. Déjà des hommes aux idées subversives, cherchaient par leurs noirs complots à séparer ce qui toujours eût dû rester uni, quand tout-à-coup un sombre nuage vint obscurcir les beaux jours de notre pays.

Tout, à cette époque de douloureuse mémoire, présageait pour les familles un avenir effrayant ; et quelle n'eût pas été la suite, si Dieu, la bonté même, pour ne pas voir tant d'horreurs, n'eût pas détourné ses regards divins, si dans sa grande miséricorde surtout il n'eût pas veillé à la sûreté, à la conservation de ces âmes d'élite, destinées, ce semble, à perpétuer au milieu de la société le souvenir de ses bienfaits? Les temps furent mauvais, disons-le, et pour résister au torrent qui semblait devoir tout envahir, il fallait de la fermeté dans le courage, il fallait, vous le savez, Messieurs, il fallait être au-dessus de la faiblesse humaine.

Marie de Planchoury sut demeurer fidèle

à son devoir, à sa conscience, toujours et toujours, quoique dans un âge tendre, quand elle allait tromper les ennuis de son auguste père, devenu captif à cause de sa fidélité, elle s'applaudissait de son courage, revenait encore pleine d'espérance de voir son cher et tendre captif rendu à la liberté. Son espoir ne fut pas trompé, car après quelques moments d'angoisses elle revit enfin celui qu'elle aimait tant !

La terreur semblait reculer un peu, et s'il n'était pas encore donné aux cœurs vraiment français de se réjouir complètement, ils pouvaient du moins respirer un peu ; car si les ruines fumantes ne leur permettaient pas de se livrer à la joie devenue si douce après de longs malheurs, au moins l'horizon devenu plus serein semblait leur dire : soyez toujours prudents, bientôt, déjà vous touchez à la fin de vos maux.

Tel fut le spectacle qu'offrait le pays après un déluge de calamités, lorsque la jeune de Planchoury, acceptant la main de M. de Mons, qui comptait lui-même une illustre victime dans sa maison, vint au milieu de nos bons habitants, charmés de voir en elle tant de grâces et de majesté, tant de bonté surtout accompagnée d'un génie rare pour faire le bien. Ce fut alors que la pieuse dame devenue la compagne inséparable de celui qui était bon par principe, comme par caractère, rivalisa de bonté envers ceux qui l'approchaient de près, comme envers ceux qui n'avaient pas le même avantage, mais qui pourtant la connurent assez pour la regarder comme un présent du ciel.

Messieurs, heureuse est la maison, heureuse et mille fois heureuse est la famille où une jeune et vertueuse épouse fait ses délices des occupations saintes. Comme elle se plaît à faire la joie de son époux, le bonheur de ses enfants, l'édification de ses serviteurs, la félicité de toute la famille ! Troubler tant soit peu cette belle harmonie qui consolide la société, oh ! son cœur en serait affligé ; ce serait pour elle un crime impardonnable, ne pas voir dans celui avec qui elle a contracté des engagements sacrés, le chef de la famille, le soutien de sa faiblesse, un compagnon inséparable : oui, ce serait pour elle un crime qu'elle ne saurait se pardonner jamais. Toujours et sans cesse fidèle aux avis de l'Apôtre, on la voit soumise à son époux, rappelant à ses jeunes fils le souvenir du Dieu bon qui les a formés; on la voit saintement occupée aux affaires qui la regardent spécialement; on la voit encore écartant avec soin ce qui pourrait porter atteinte à la candeur de l'innocence; on la voit enfin se multiplier, pour ainsi dire, afin, ce semble, de tout contenir dans un ordre parfait.

Hé bien, Messieurs, telle fut, je puis bien vous le dire, telle fut la vertueuse dame à qui vous consacrez vos larmes en ce jour. Oui, si j'avais à ce moment à vous faire le portrait d'une personne accomplie en tout genre, je vous dirais dans toute la sincérité du langage : mes forces, ma capacité sont trop minimes pour l'entreprendre, mais portez vos regards sur celle qui est aujourd'hui l'objet de nos prières, et vous trouverez en elle tout ce que je ne pourrais vous dire qu'imparfaitement : bonté du cœur inaltérable, soumission volontaire à son époux, vigilente attention à lui rendre la vie douce, agréable au sein même de la douleur, précautions toujours renaissantes pour cimenter parmi ses jeunes fils qui s'aimaient tendrement, cette union qui fait et fera leur bonheur. Car, s'il est vrai que le devoir d'une mère lui impose une charge bien douce à son cœur, celle d'aimer le fruit de ses entrailles ; mais où trouver, vous dirais-je, celle qui aurait surpassé la tendresse de la sensible dame aujourd'hui pleurée par ses fils et dont l'absence a su jeter sur nos joies une sorte d'amertume.

Oui, Messieurs, telle fut notre illustre défunte dans ces jours où, fière de posséder un cœur qui l'aimait, et de se voir entourée des caresses de ses candides enfants, elle aurait bien pu dire aux autres mères : contemplez mon bonheur et prenez une bien douce part à ma joie.

Mais, ici bas, nos plaisirs ne sont point permanents; heureux ceux dont l'âme est assez forte pour supporter toutes les calamités qui viennent fondre sur nous. Depuis long-temps déjà la sensible épouse pouvait s'apercevoir qu'il se trouverait un vide chez elle, et que celle qui n'épargne personne la laisserait bientôt dans le veuvage. O pensée triste et affreuse ! Se voir séparée de celui qui fait son bonheur, de celui qu'elle aime plus qu'elle-même. Que ne lui est-il donné d'écarter pour toujours ou du moins d'éloigner pour un temps la terrible catastrophe qui la menace. C'est en vain, Dieu à qui tout doit obéir, appelle à lui celui qui semblait pouvoir encore compter sur de longues années.

Un cri d'alarme se fait entendre, se prolonge dans la maison. Déjà il est parvenu aux oreilles d'une vertueuse épouse ; sa douleur est excessive, mais aussi sa résignation est parfaite ; car n'allez pas croire que là, comme dans la plupart des maisons où la mort frappe quelque victime, l'on n'entendait que les sanglots de la nature désolée; non, l'illustre dame, tout en versant d'abondantes larmes sur l'objet de sa tendresse, sut, au fort de sa douleur, élever ses pensées plus haut. Elle bénit la main qui la frappait dans ses affections les plus chères, et Dieu, le vrai consolateur des affligés, daigna répandre dans son cœur un beaume de consolation, digne récompense de sa foi, de son courage, de sa résignation.

Pourtant, Messieurs, que peut le sexe le plus faible dans des circonstances aussi pénibles ? Vous le savez, la présence d'un chef de famille est bien nécessaire pour soutenir le poids qui pèse sur les deux époux, c'est le soin de l'intérieur, c'est une administration étendue, ce sont de jeunes enfants qui réclament de hautes études, une éducation noble et distinguée. Hé bien ! encore la pieuse veuve du meilleur des époux trouva dans son caractère vraiment mâle toutes les ressources nécessaires à sa pénible situation. Toujours au sein des peines, elle sut apprécier ce qu'il lui importait de faire pour donner à ses fils cette belle, cette haute éducation, si convenable à leur rang. Ah ! il me semble la voir présider à tout, les accompagner partout, afin de leur prodiguer avec plus de facilité ces affections de son amour.

Oui, Messieurs, je la vois cette vertueuse mère oublier la faiblesse de son sexe pour ne se souvenir que de la charge que lui impose son titre maternel, car elle ne veut vivre que pour le bonheur de ses enfants; trop heureuse, hélas! s'il ne lui fallait pas encore boire à la coupe du malheur. Il est dans notre vie certaines époques où le Seigneur semble nous dire : vous paraissez bien affermi dans le bien, mais, pour m'assurer de votre fidélité, je vais vous éprouver encore. Hélas! Messieurs, faut-il que je me voie forcé de vous faire ici la triste narration de ses nouvelles douleurs? Les larmes de la bonne mère étaient à peine séchées que bientôt il lui fallait en verser un nouveau torrent. Naguère elle pouvait se dire pour toujours heureuse; le temps qui efface tout avait apporté à son âme ces délassements si nécessaires après de longues souffrances, tout semblait lui promettre un avenir prospère, des jours sereins, un bonheur aussi grand qu'on peut l'espérer ici-bas ; mais vain espoir, la mort qui frappe à la porte du pauvre et du riche vient de marquer une nouvelle victime dans la maison de notre illustre dame... Il doit donc lui être bientôt enlevé, ce jeune homme dont le caractère et les amabilités s'annonçant si heureusement, promettaient tant pour l'avenir... La sensible dame suit des yeux son enfant, elle craint, elle espère, elle aime à se faire illusion, elle se berce dans son espérance ; à peine peut-elle en croire à son regard maternel, quand le ciel lui demande un nouveau sacrifice..... Henri, ô mon fils, pourquoi m'es-tu enlevé si jeune ! Toi, ô mon cher enfant, que je croyais destiné à faire le bonheur de ta mère, tu m'abandonnes, tu me laisses plongée dans la douleur !!!!

Ne parlons pas, Messieurs, de cette perte qui lui coûta tant de larmes ; tirons, tirons plutôt le rideau pour ne pas voir cette scène de douleur..... Messieurs, la nouvelle perte que fit alors Madame était grande, car son fils était un modèle de vertu ; jugez de là si le chagrin de la pauvre mère dut être extrême.....

Et vous, ô mère vraiment désolée, permettez à ceux qui remplacent ici-bas le Dieu consolateur de vous dire : Souvenez-vous du passé, élevez un regard vers le ciel et montrez à tous ceux qui vous entourent quel est l'ascendant de la Religion sur vous ?

Déjà il lui avait fallu subir une séparation cruelle, et le sacrifice que le ciel demande aujourd'hui trouverait-il de la résistance dans son cœur maternel ? ne le croyez pas ; la bonne et vertueuse mère sut alors concentrer sa douleur et lui imposer un religieux silence ; toutes ses affections se portèrent sur les deux fils qui lui restaient et qui devaient lui rester, car c'était à eux qu'il était réservé de la consoler dans le déclin des années, c'était encore à eux qu'il était réservé... ; mais n'achevons pas avant de vous l'avoir montrée dans son honorable retraite.

Les mères le savent bien, les enfants sont un précieux dépôt confié à leur garde, mais enfin arrive une époque dans la vie où il est important de les établir. Quelle conduite tiendra pour lors celle qui ne vécut que pour le bonheur des siens? Se contentera-t-elle de les avoir élevés dans la religion de leurs illustres ancêtres, de les avoir formés à toutes les manières distinguées de la noble et haute société? Non, Messieurs, Madame a compris sa haute position, son œil pénétrant s'est déjà tourné vers une famille antique, voulant par cette union allier le courage à la vertu. Ses espérances ne furent pas trompées, et bientôt un heureux hymen vint mettre le comble à la joie de la sensible mère ; mais rester au milieu des jeunes époux qui la bénissaient n'entrait pas dans ses vues, elle préféra se mettre à l'écart pour mieux se préparer à cette grande séparation qui nous attend tous.

Ah! c'est ici, Messieurs, passez-moi, je vous prie, cette faiblesse; c'est ici que j'envierais presque le talent de l'orateur pour vous faire mieux sentir toutes les vertus pratiquées par l'illustre dame, dans son auguste solitude.

Nous regrettons ici, de n'avoir pas été les témoins des dernières années de la pieuse dame, afin de pouvoir exposer à vos yeux ce nombre d'éclatantes actions qui ont honoré sa vie ; pourtant son mérite, quelque grand que fût le soin qu'elle prenait pour le cacher aux yeux fixés sur elle, a su pénétrer jusqu'à nous.

Oui, Messieurs, quoique retirée d'une localité qu'elle affectionna toujours, elle a voulu constamment faire le bonheur de ces bien aimés habitants. Et je vous le dis avec une douce satisfaction, plusieurs fois, depuis son départ, elle a daigné nous choisir pour être le distributeur de ses pieuses largesses ; aurait-elle pu oublier en effet ceux-là qui l'ont bénie pendant longues années, ceux qui l'ont vue avec peine s'éloigner d'eux, ceux enfin qui la regrettent comme leur bienfaitrice et la pleurent comme leur mère? Comme elle se plaisait à s'entretenir avec nous sur le sort de tous ceux qui souffrent! comme elle aimait à compatir à leur misère : là c'était une orpheline abandonnée qu'elle protégeait ; ici, c'était un vieux père privé de ressources qu'elle encourageait par ses libéralités tout affectueuses.

Apprenez, disait-elle au pieux mentor de ses petits-fils, apprenez-leur par dessus tout l'art de compatir à la misère du pauvre, ne vous contentez pas de leur parler de la pauvreté de ces personnes misérables qui manquent de tout, mais faites-leur voir la misère elle-même ; c'est le plus sûr moyen d'émouvoir leurs entrailles.

Hé bien, Messieurs, réduit à mon impuissance, je vous dirai ; voyez son attention à plaire à celui qui voit dans le secret, voyez son assidue présence aux cérémonies saintes, cette piété rare, cette foi vive, cet amour du bien qui ne la quitta jamais. Promenez encore vos regards autour d'elle et voyez toutes ces bonnes œuvres, car en fut-il une à laquelle elle fût étrangère? Voyez surtout ces aumônes répandues avec profusion dans le sein des indigents! Ah! je le pense bien, ceux qui ont recueilli ses dernières paroles ne les oublieront jamais.

La mort était déjà sur le point de la moissonner, et ses lèvres mourantes exprimaient encore sa volonté de faire l'aumône.

Semblable à ces fleurs qui au déclin du

jour exhalent une odeur qui vous embaume, la pieuse dame était, ce semble, destinée par le ciel à nous édifier de plus en plus aux jours de sa vieillesse.

Ne vous semble-t-il pas, Messieurs, qu'une si belle vie eût dû se prolonger plus longtemps pour le bien de la société, pour la consolation d'une famille qui la regrettera toujours, pour le bonheur et la joie de tous ceux qui l'ont connue? Mais Dieu toujours adorable, alors même qu'il nous frappe, avait d'autres desseins. Depuis long-temps déjà on voyait avec peine que les forces de la pieuse mère s'épuisaient insensiblement, une dernière maladie vint enlever toute espérance ; le mal fit des progrès rapides et bientôt on ne douta plus que celle qui représentait la bonté du Dieu charitable nous serait enlevée.

Oh! cruelle séparation, faut-il donc que la mère du pauvre, l'appui des opprimés, la consolation des cœurs souffrants soit sitôt ravie à nos regards ! hélas pourtant, c'en est fait, il faut lui dire un éternel adieu, elle n'est plus.

Messieurs, nous avons dans l'illustre défunte fait une bien grande perte, et si dans ce petit tribut que j'ai voulu payer à sa mémoire, j'ai été assez heureux pour vous donner une faible esquisse de ses vertus, je suis, je vous l'avoue, resté au-dessous de la réalité. Cependant, vous le savez, il ne nous appartient pas de sonder les profondeurs des jugements de Dieu. Hélas! dans le cours d'une longue vie, n'aurait-elle pas terni tant soit peu la beauté de son âme par cette poussière mondaine à laquelle personne ne saurait échapper. Hâtons-nous, Messieurs, de lui ouvrir le ciel par nos prières.

Miséricordieux Jésus, laissez-vous fléchir par les larmes de cette auguste assemblée. Dieu de bonté, introduisez au sein du bonheur, celle que nous pleurons à vos pieds, si déjà vous ne l'avez reçue dans vos tabernacles éternels. AMEN.

www.ingramcontent.com/pod-product-compliance
Lightning Source LLC
Chambersburg PA
CBHW071413060426
42450CB00009BA/1880